1 MONTH OF FREE READING

at

www.ForgottenBooks.com

By purchasing this book you are eligible for one month membership to ForgottenBooks.com, giving you unlimited access to our entire collection of over 1,000,000 titles via our web site and mobile apps.

To claim your free month visit:
www.forgottenbooks.com/free645928

* Offer is valid for 45 days from date of purchase. Terms and conditions apply.

ISBN 978-0-484-26966-7
PIBN 10645928

This book is a reproduction of an important historical work. Forgotten Books uses
state-of-the-art technology to digitally reconstruct the work, preserving the original format
whilst repairing imperfections present in the aged copy. In rare cases, an imperfection in
the original, such as a blemish or missing page, may be replicated in our edition. We do,
however, repair the vast majority of imperfections successfully; any imperfections that
remain are intentionally left to preserve the state of such historical works.

Forgotten Books is a registered trademark of FB &c Ltd.
Copyright © 2018 FB &c Ltd.
FB &c Ltd, Dalton House, 60 Windsor Avenue, London, SW19 2RR.
Company number 08720141. Registered in England and Wales.

For support please visit www.forgottenbooks.com

Litolff, Henry Charles
    [Les templiers. Libre
French]
    Les templiers

TÉ

JULES

'H.

TROISIÈME ÉDITION

LES TEMPLIERS

OPÉRA

EN CINQ ACTES ET SEPT TABLEAUX

PAR MM.

JULES ADENIS, ARMAND SILVESTRE

ET

LIONEL BONNEMÈRE

MUSIQUE DE M.

HENRY LITOLFF

PARIS

TRESSE & STOCK, ÉDITEURS

8, 9, 10, 11, GALERIE DU THÉATRE-FRANÇAIS

Palais-Royal

LES TEMPLIERS

OPÉRA

EN CINQ ACTES ET SEPT TABLEAUX

Représenté pour la première fois, à Bruxelles, sur le Théâtre Royal de la Monnaie, le 25 janvier 1886.

Direction de M. VERDHURT

Mise en scène de M. A. LAPISSIDA, régisseur général

Chef d'orchestre, M. Joseph DUPONT

Divertissement au 1ᵉʳ acte, et ballet du 3ᵉ acte, réglés par M. Joseph HANSEN

Première danseuse : Mlle Adelina ROSSI
Premier danseur : M. SARACCO

Décors de MM. DEVIS et LYNEN

Costumes. exécutés par M. FEIGNAERT

Pour la partition et les parties d'orchestre, s'adresser à MM. Enoch frères et Costallat, éditeurs de musique, propriétaires pour tous pays, à Paris, boulevard des Italiens, 27.

Imprimerie générale de Châtillon-sur-Seine. — A. Pichat.

TROISIÈME ÉDITION

LES

TEMPLIERS

OPÉRA

EN CINQ ACTES ET SEPT TABLEAUX

PAR

MM. JULES ADENIS, ARMAND SILVESTRE

ET

LIONEL BONNEMÈRE

MUSIQUE DE

M. HENRY LITOLFF

PARIS

TRESSE & STOCK, ÉDITEURS

8, 9, 10, 11, GALERIE DU THÉATRE-FRANÇAIS

PALAIS-ROYAL

1886

Tous droits de reproduction de traduction et d'analyse réservés.

PERSONNAGES

PHILIPPE LE BEL, roi de France............ MM.	Dubulle.
ENGUERRAND DE MARIGNY, surintendant des finances........................	Renaud.
JACQUES DE MOLAI, grand maitre des Templiers...............................	Bérardi.
RENÉ DE MARIGNY, fils d'Enguerrand...	Engel.
*CHATILLON, son ami.....................	Gandubert.
LORD MORTIMER, ambassadeur d'Angleterre................................	Nolly.
LE LÉGAT DU PAPE....................	Frankin.
UN CRIEUR PUBLIC....................	Séguier.
UN OFFICIER	Seuille.
ISABELLE DE FRANCE, fille de Philippe. Mmes	Montalba.
MARIE DE SIMIANE, sa dame d'honneur.	Maes.

Dames d'honneur, Templiers, Courtisans, Chevaliers, Moines, Soldats,
Bohémiens, Bohémiennes, Hommes et Femmes du peuple.

A Paris, de septembre 1307, à mai 1314.

LES TEMPLIERS

ACTE PREMIER

La place du Temple, à Paris, en 1307. Au fond, l'entrée principale du monument auquel on arrive par quelques marches. A droite et à gauche, des maisons gothiques. Au premier plan de gauche, une taverne avec terrasse praticable, soutenue par une colonnade. Rues latérales.

SCÈNE PREMIÈRE

BOURGEOIS, PEUPLE, BOHÉMIENNES et BOHÉMIENS.

Au lever du rideau, des gens du peuple remplissent la scène et entourent une troupe de bohémiens et de bohémiennes, qui dansent. A l'extrême droite, quelques bourgeois semblent causer avec animation.

CHŒUR.
Place aux enfants de la Bohême
De retour en notre cité,
Troupe voyageuse qui sème
Sur ses pas errants la gaîté.
Amis, faisons cercle ici même
Pour admirer de tous nos yeux
Les danses, les ébats joyeux
De ces enfants de la Bohême.

UNE PARTIE DES BOURGEOIS, à droite et d'une voix sourde.

Vous le savez peut-être... Il circule, à Paris,
Ce matin, des rumeurs qui sont loin d'être gaies.

D'AUTRES BOURGEOIS.

Qu'est-ce donc ?

LES PREMIERS.

Notre roi, toujours sourd à nos cris,
Vient d'altérer encor la valeur des monnaies.

SECONDS BOURGEOIS.

Et pourquoi ?

LES PREMIERS.

Pour donner, après tant de combats,
Sa fille au prince anglais et, comme elle, nous vendre.

TOUS LES BOURGEOIS.

D'être volés nous sommes las !
Amis, sans le défendre,
Allons-nous laisser prendre
Cet or gagné par l'effort de nos bras ?

ENSEMBLE.

LE CHŒUR DES GENS DU PEUPLE, applaudissant.

Vit-on jamais pareille adresse!
Quelle grâce et quelle souplesse !
A la magie ils ont recours !
A leurs talents, applaudissons toujours !

LE CHŒUR DES BOURGEOIS, menaçant.

Pour le luxe de la noblesse
Nous fera-t-on payer sans cesse
Des impôts de plus en plus lourds!
Ce pauvre peuple, on le vole toujours.

SCÈNE II

Les Mêmes, CHATILLON, paraissant sur la terrasse de la taverne, puis RENÉ DE MARIGNY, D'autres Jeunes Seigneurs.

CHATILLON, une coupe à la main.

Eh ! mais... quel bruit joyeux a frappé mes oreilles ?

Il regarde.

Des danses et des chants ! Ces femmes font merveilles !

Appelant.

Venez, et regardez !

RENÉ, paraissant sur la terrasse, suivi des jeunes seigneurs et regardant.

Le spectacle est charmant !

CHATILLON, à ses amis.

Au peuple, sans façon, mêlons-nous un moment.

Ils disparaissent et un instant après ils entrent en scène et se mêlent aux curieux. Une jeune bohémienne, tenant une rose à la main, se detache de ses compagnes avec un jeune bohémien qui tient un papillon, au bout d'une tige longue et flexible.

CHŒUR et PAS DE DEUX.

LES BOHÉMIENNES.

Un doux papillon épris d'une rose
 Depuis l'aube éclose
Bat l'air embaumé du rapide essor
 De ses ailes d'or.
Il voudrait pouvoir, suprême délice,
 Sur son frais calice
Voler tout joyeux, pour y déposer
 Un tendre baiser !
Son espoir est vain ! La brise trop forte
 L'enlève et l'emporte

Et courbe en passant la reine des fleurs
    Qui semble être en pleurs,
Car de sa corolle, on voit la rosée
    Par la nuit posée
Couler goutte à goutte en perles d'argent
    Au reflet changeant.
Bientôt, par le vent, la rose épuisée
    Tombe enfin brisée
Et triste, elle meurt dès son premier jour
    Sans goûter l'amour !
Mais dans sa bonté, Dieu prend pitié d'elle.
    La fleur encor belle
Feuille à feuille vole en un tourbillon
    Vers le papillon !

A la fin du chœur, le papillon que tient le danseur se pose sur la rose de la jeune fille. Une cloche tinte au couvent des Templiers. Sons lointains d'orgue. Le peuple se signe. Les bohémiens sont troublés. Signes de respect et d'effroi.

LE CHŒUR.

Ce sont les Templiers dont l'office commence ;
Ne mêlons pas nos jeux à leurs pieux accents.
Retirons-nous : laissons prier dans le silence
Ces fiers soldats de Dieu vénérés et puissants.

Ils sortent.

CHATILLON.

Viens-tu, René ?

RENÉ.

Non ! Près de moi demeure
Quelques instants.

Montrant le Temple.

Ici j'entrerai tout à l'heure,
Quand les chants se tairont.

Avec enthousiasme.

Car, dans ces murs, vois-tu,
J'ai des amis auprès de qui j'ai combattu
Dix ans en Palestine, et je leur suis fidèle
Pour leur grande vaillance et leur grande vertu !

SCÈNE III

RENÉ DE MARIGNY, CHATILLON.

CHATILLON.
Leur joyeuse clameur s'enfuit, comme un bruit d'aile.
RENÉ.
Ami, seul avec toi, je respire un moment.
 Ici, pour moi, tout est enchantement.
L'espoir, le souvenir s'y mêlent dans mon âme.
 L'immortelle beauté du jour
Y fait plus belle encor la beauté de la femme
Et, dans ces lieux aimés, tout me parle d'amour !
CHATILLON.
Parle-moi de l'exil pour charmer le retour !
RENÉ.
 Dans les camps, et loin de la France
Lorsque je défendais notre sainte croyance
Contre le Musulman... hélas ! souvent vainqueur,
O mon noble Paris ! berceau de mon enfance,
Ton souvenir calmait les chagrins de l'absence...
Et ta vue aujourd'hui de joie emplit mon cœur !

AIR.

 J'ai vu, bien mollement bercées
 Par le doux murmure des mers,
 Des cités aux tours élancées
 Qui dépassent les palmiers verts !
 J'ai vu des merveilles étranges
 Sous un ciel transparent et bleu,
 Si pur qu'on croirait voir des anges
 Agenouillés auprès de Dieu !

 Sur la rive pour moi nouvelle
 Si mes yeux furent éblouis,

Mon cœur, ô France ! ô mon pays !
A ton amour restait fidèle !
Les chants cessent. Entrons !

Il se dirige vers le Temple suivi de Chatillon. A peine en a-t-il franchi quelques marches qu'Enguerrand apparaît et se précipite vers lui pour l'empêcher d'entrer.

SCÈNE IV

Les Mêmes, ENGUERRAND.

ENGUERRAND.

Mon fils ! Ah ! malheureux !
Arrête !

RENÉ.

Qu'est-ce donc, mon père ?

ENGUERRAND.

Rien... de grâce,
Fuis le Temple !

RENÉ.

Quoi donc ?

ENGUERRAND.

Un péril t'y menace.
Ne me demande rien !

RENÉ.

Soit !... Mais vous, en ces lieux,
Seul, sans valet ?

ENGUERRAND, *reprenant sa belle humeur.*

J'ai voulu, de mes yeux,
Avant de publier une taxe nouvelle,
Voir ce que fait le peuple.

Eclats de rire et cris au dehors.

ACTE PREMIER

CHATILLON.

Il rit, il se querelle !...
Il paiera !

ENGUERRAND.

Vous, René, qui vous retient ici ?

RENÉ, gaiement.

Mon père, grâce à vous, je n'ai d'autre souci
    Que de me laisser vivre ;
Et comme mes amis avaient fixé ce jour
    Pour fêter gaîment mon retour,
Ce matin, Chatillon m'a sommé de le suivre.

CHATILLON, montrant la taverne.

C'est là, qu'en son honneur, et jusqu'au couvre-feu,
On doit trinquer beaucoup et... divaguer un peu.

ENGUERRAND, secouant la tête.

Oui, l'on nomme cela le plaisir, à votre âge !
Ce fou de Chatillon !... Quand deviendra-t-il sage ?

CHATILLON, gravement.

Qui sait ? Jamais peut-être, ou peut-être demain !
    Mais puisque nous parlons présage,
Tout à l'heure, René, viens donc montrer ta main
    A la gentille bohémienne ;
    Elle a lu déjà dans la mienne,
Et, d'honneur, m'a prédit le plus heureux destin :
Honneurs, fortune !

RENÉ.

Allons !

ENGUERRAND, qui allait s'éloigner, revenant vivement à René.

Ah ! je t'en prie, arrête !

CHATILLON.

Monseigneur Enguerrand !

RENÉ, à son père.

Mais cela n'est qu'un jeu ?
Et je puis, sans danger, céder à sa requête...

ENGUERRAND, sérieux.

Ne cherche pas, mon fils, à dérober à Dieu
Les choses dont il veut nous faire des mystères...

CHATILLON, étonné.

Vous croyez, monseigneur, à de telles chimères ?

ENGUERRAND, avec tristesse.

J'ai peur de l'avenir en songeant au passé ;
Une Gypsie experte en son art exécré
Autrefois m'a prédit le trépas de ses frères...
Tous deux sont morts ainsi qu'elle avait annoncé.

A lui-même avec effroi.

« La croix rouge, a dit la sorcière,
Ouvrira dans ton cœur la blessure dernière ! »

Haut.

O triste souvenir du bonheur effacé !

TRIO.

ENGUERRAND

Quand heureux et tout fier d'un semblable cortège
  On me voyait jadis,
Vieillard au front duquel l'âge semait la neige
  Passer avec mes fils,
Trois jeunes cavaliers pleins d'ardeur et de vie
  Et braves entre tous,
Chacun me regardait sur la route suivie
  Avec des yeux jaloux !
Hélas ! deux de mes fils, naguère, sous l'armure
  Sont morts pour le roi triomphant !...

Serrant avec crainte René dans ses bras.

Grâce pour lui, Seigneur ! Ah ! je vous en conjure,
  Laissez-moi mon dernier enfant !
Lui seul est aujourd'hui l'espoir de ma vieillesse.
Il est tout mon amour ! Il est tout mon effroi !
J'en veux faire un heureux ! J'en pourrais faire un roi !
Ah ! ne l'arrachez pas, Seigneur, à ma tendresse !

ACTE PREMIER

ENSEMBLE.

RENÉ.

Votre amour paternel, comme une sainte armure,
Contre tout péril me défend !
Que votre cœur, pour moi, désormais se rassure,
Rien ne menace votre enfant.

CHATILLON.

Votre amour paternel, comme une sainte armure,
Contre tout péril le défend.
Que votre cœur, pour lui, monseigneur, se rassure,
Rien ne menace votre enfant.

ENGUERRAND.

Hélas ! deux de mes fils, naguère, sous l'armure
Sont morts pour le roi triomphant !
Grâce pour lui, Seigneur !... Ah ! je vous en conjure,
Laissez-moi mon dernier enfant !

RENÉ, à Enguerrand.

Vous aurait-on prédit aussi, mon père,
Ma destinée ? Ainsi que ceux de mes aînés,
Mes jours seraient-ils condamnés ?
Parlez ! J'ai du courage.

ENGUERRAND, vivement.

Oh ! non ! Tais-toi ! J'espère !

Sur une interrogation muette des deux jeunes gens.

Ne m'interrogez pas... et laissez-moi partir.

En se retournant, il se trouve en face du Temple, avec un geste de fureur.

Le temple ! La croix rouge ! Et l'horrible présage !
Ah ! je t'arracherai bientôt de mon passage !

IMPRÉCATION.

S'avançant vers le Temple, avec colère.

J'ai juré de t'anéantir,
Ordre des Templiers, qui dois être funeste
Au dernier enfant qui me reste.
Eh ! bien, temple orgueilleux, écoute mon serment :
Je veux que de ton monument
Il ne reste pas une pierre,
Et que le vent du ciel disperse ta poussière !

Il sort sur cette imprécation en regardant toujours le Temple d'un air menaçant.

1.

SCÈNE V

RENÉ, CHATILLON.

CHATILLON.

D'où peut venir un tel ressentiment ?
Est-ce un pressentiment
Qui trouble l'esprit de ton père?
Tu ne t'en émeus pas, j'espère ?

RENÉ.

Non !

CHATILLON.

C'est bien.

RENÉ.

Pour te faire voir
Que je m'alarme peu du lugubre présage
Qui menace mes jours, je veux, jusqu'à ce soir,
De vous tous être le moins sage...
Je ne veux pas avoir d'autre souci
Que de me divertir!

CHATILLON.

Vrai Dieu ! je t'aime ainsi.
Mais, regarde, voici
Nos amis; suivons-les, rentrons dans la taverne.

SCÈNE VI

Les Mêmes, LES AMIS DE RENÉ, suivant Un Crieur Public, qui a traversé la scène, escorté de quelques hommes d'armes et de gens du peuple.

LES AMIS DE RENÉ.

Que nous veut le crieur ?

CHATILLON, à ses amis.

Oh ! rien qui nous concerne.
Quelque nouvel impôt. Suivez-moi donc. Rentrons.
C'est l'affaire du peuple et non la nôtre. Allons !
Gaiement.
Ce n'est point notre affaire.
Venez, amis, gais buveurs !
De ce bon peuple en colère
Nous éteindrons les clameurs
Sous le choc joyeux des verres.

REPRISE ENSEMBLE.

Ceci n'est point notre affaire,
Venez, amis, gais buveurs !
De ce bon peuple en colère
Nous éteindrons les clameurs
Sous le choc joyeux des verres.

Réné, Chatillon et ses amis rentrent gaiement dans la taverne.

SCÈNE VII

Le Crieur Public, Hommes d'Armes et Gens du Peuple, entourant le crieur.

FINALE.

LE CRIEUR, lisant :

« De par la volonté du roi,
» Faisons savoir à tous qu'une nouvelle loi,
» A partir de ce jour et dans toute la France,
» Abaisse de moitié
» La valeur de l'argent... »

LA FOULE, avec explosion.

A bas le roi ! Vengeance !
Pour nous, Philippe est sans pitié !

CHŒUR.

Cet argent qu'il nous vole,
Si chèrement acquis
Du travail nous console,
C'est le pain de nos fils.
Contre un maître inhumain
Qui se rit de nos larmes,
Tout nous servira d'armes,
Les pierres du chemin !...

Le peuple se jette sur le crieur et sur son escorte et les met en fuite.

DES GENS DU PEUPLE, *s'arrêtant pour écouter et regardant à droite.*

Ecoutez, c'est le roi qui revient de la chasse
Et suivi de sa cour, qui s'avance vers nous.
Amis, faisons-lui voir ce que peut le courroux
D'un peuple dont enfin la patience est lasse !

TOUS, *criant, avec menace.*

Plus de faiblesse ou de frayeur,
A bas le roi faux monnayeur !
Etc.

REPRISE DU CHŒUR.

Cet argent qu'il nous vole,
Etc.

SCÈNE VIII

Le Peuple, LE ROI, ISABELLE et Leur Suite.

Des sonneurs de trompes paraissent d'abord, suivis de piqueurs qui portent des trophées de gibier. Le roi entre, escorté de quelques seigneurs. Puis vient Isabelle, voilée suivant la mode d'alors, et dans une litière fermée. Dès que le cortege a paru sur la place, le peuple ferme les issues et l'entoure en criant:

LE PEUPLE.

A mort, le roi faux monnayeur !

ACTE PREMIER

LE ROI et LES SEIGNEURS.

Faites place, manants, arrière !

LE PEUPLE.

A mort, leur race tout entière !

Le peuple s'avance menaçant. Les seigneurs font au roi un rempart de leur corps. Le roi, fendant le groupe des seigneurs, fait face à la foule.

ISABELLE, avec un cri.

Ah ! je succombe de frayeur !

CHŒUR GÉNÉRAL.

LE ROI.

Je méprise les affronts
Du peuple qui m'environne ;
Et tous ici, nous mourrons
Pour défendre ma couronne.

LES SEIGNEURS.

Implacable en ses affronts,
La foule nous environne,
Mais s'il le faut, nous mourrons
Pour défendre la couronne !

ISABELLE.

Au milieu de tant d'affronts,
Pour mon père je frissonne.
La mort plane sur nos fronts !
Ah ! le ciel nous abandonne !

LE PEUPLE.

La crainte courbait nos fronts,
Mais enfin notre heure sonne !
Au fleuve nous jetterons
Les débris de sa couronne !

LES GENS DU PEUPLE, qui entourent Isabelle.

Eh ! la belle !... ici demeurez !
En otage vous resterez !..

ISABELLE.

Ah! tout mon sang se glace !
Par pitié, laissez-moi !

Avec terreur.

Mon père !... A l'aide ! Grâce !
Je meurs d'effroi !

SCÈNE IX

Les Mêmes, RENÉ, CHATILLON et Leurs Amis, sortant de la taverne.

CHATILLON.

Ah! quel tumulte!

RÉNÉ, *apercevant Isabelle et mettant l'épée à la main.*

On outrage une femme,
C'est lâche, c'est infâme !

Il repousse les truands qui font violence à Isabelle et la prend dans ses bras à demi évanouie.

ISABELLE, *avec terreur et se débattant.*

Laissez-moi ! Laissez-moi !

RENÉ.

Rassurez votre cœur !

ISABELLE.

Qui donc êtes-vous ?

RENÉ.

Un sauveur !
Pour le tombeau du Christ j'ai longtemps fait la guerre
Et saurai vous défendre ainsi que lui naguère !

Il l'emporte par une rue latérale. Chatillon et ses amis, contenant la foule, protègent leur fuite. Pendant que cet épisode se passe sur le devant de la scène à gauche, le roi et sa suite ont été acculés au fond, près des marches du Temple.

ACTE PREMIER

LE PEUPLE, triomphant.

A nous le roi Philippe et tous ses chevaliers !
Victoire !

LE ROI, avec désespoir.

Ah ! qui viendra donc à mon aide !

SCÈNE X

Les Mêmes, MOLAI, Templiers.

La porte du Temple s'ouvre tout à coup et Jacques de Molai paraît sur le seuil du palais suivi de ses Templiers. Les Templiers, l'épée nue, descendent et forment la haie de chaque côté du roi.

LE PEUPLE, s'arrêtant indécis.

C'est le Grand-Maître et ses fiers Templiers !

Le Grand-Maitre s'avance au milieu et après avoir regardé fixement la foule.

MOLAI.

Que le calme, en ces lieux, à la fureur succède.
Le Temple donne asile au roi.

LE ROI.

Dans ma reconnaissance à jamais ayez foi !

Enguerrand apparaît et fait un geste de fureur. Les Templiers étendent leurs épées nues et forment une voûte d'acier sur la tête de Philippe.

LES TEMPLIERS.

Le Temple donne asile au roi.

MOLAI, prenant une croix passée dans sa ceinture et l'élevant au-dessus de la tête de Philippe.

Qui le frappe à présent doit craindre l'anathème.
De respecter ses jours tout vous fait une loi !
Courbez vos fronts devant l'emblème
De la clémence et de la foi !

ENSEMBLE.

MOLAI, LES TEMPLIERS, LES COURTISANS.

Courbez vos fronts devant l'emblème
De la clémence et de la foi !

LE ROI.

Pour moi, c'est la honte suprême,
Le peuple a vu trembler son roi !

LE PEUPLE, se prosternant.

Courbons nos fronts devant l'emblème
De la clémence et de la foi !

Le peuple fait un mouvement pour suivre le Roi, mais le Grand-Maître, la croix à la main, le comprime.

Le rideau baisse.

ACTE DEUXIÈME

Une partie du jardin attenant au palais de la Cité. A droite, un pavillon faisant partie d'une aile du palais avec terrasse praticable et fenêtre ogivale donnant sur le jardin. — A gauche, rideau de grands arbres fermant la vue du pavillon. — La tour de Nesles, la Seine et le vieux Paris au fond ; large parapet ne permettant de voir que les lointains. — Au lever du rideau, la grille qui ferme le jardin à gauche est ouverte et une sentinelle est au dehors.

SCÈNE PREMIÈRE

Une Troupe joyeuse de Clercs de la Basoche, et de Bachelettes, entrant dans le jardin, bras dessus, bras dessous, puis ISABELLE et MARIE DE SIMIANE, sur la terrasse.

LES CLERCS.

Chaque jour l'instant approche
Où de clercs de la basoche
Nous deviendrons avocats,
Procureurs ou magistrats !

LES BACHELETTES.

Hélas ! hélas !
Trois fois hélas !

LES CLERCS.

Alors nous serons rigides,
Et, le front chargé de rides,
Nous trouverons des appas
A griffonner des contrats.

LES BACHELETTES.

Hélas! hélas!
Trois fois hélas!

LES CLERCS.

Bachelettes si jolies,
Aidez-nous dans nos folies!
Usons bien de nos instants,
La jeunesse n'a qu'un temps!

Isabelle et Marie de Simiane qui viennent de paraître sur la terrasse, les regardent.

ENSEMBLE.

LES CLERCS et LES BACHELETTES.

Qu'il est doux de vivre
Au déclin du jour,
Quand tout nous enivre
Et chante l'amour!

Ils sortent par le fond et se dispersent par couples, sur les bords de la rivière.

SCÈNE II

ISABELLE, MARIE DE SIMIANE.

ISABELLE.

Le bruit de leurs baisers arrive jusqu'à moi!
Ah! qu'elle est heureuse, leur vie!
Ces amoureux!... Ils font envie
À la fille d'un roi!

ISABELLE et MARIE, répétant à demi-voix et comme dans un rêve :

« Qu'il est doux de vivre
» Au déclin du jour,
» Quand tout nous enivre
» Et chante l'amour! »

ACTE DEUXIÈME

ISASELLE.

Ah! l'amour!... De ce mot la douceur infinie
 Répand le trouble et l'ivresse en mes sens!
 Et qu'à jamais cette heure soit bénie
 Où j'ai compris ses charmes tout-puissants!
Hier j'étais enfant!... Aujourd'hui je suis femme;
 J'en suis certaine, au trouble de mon âme,
  De l'amour je subis les lois,
  J'aime!... pour la première fois!

Le nuit vient peu à peu.

SCÈNE III

ISABELLE et MARIE, sur la plate-forme, CHATILLON, entouré de JEUNES SEIGNEURS et de DAMES, dans une barque pavoisée et illuminée qui descend la Seine.

CHOEUR, sur l'eau.

Voguons sur les flots bleus,
Le murmure des rames
Fait naître dans nos âmes
Des rêves amoureux!

CHATILLON, au milieu du groupe, appuyé sur une jeune femme.

Viens près de moi, ma rose blonde,
Et, dès ce soir, comble mes vœux!
Qu'à mes désirs ton cœur réponde,
Il faut se hâter d'être heureux!
La brise qui caresse l'onde
Caresse aussi tes longs cheveux.
 Oublions tout au monde.
 La vie est belle à deux!

LE CHOEUR.

Cœurs vraiment amoureux,
Au murmure de l'onde,

Oublions tout au monde,
La vie est belle à deux!

La barque qui s'était arrêtée un moment, disparaît lentement par la droite.

SCÈNE IV

ISABELLE, MARIE DE SIMIANE.

ISABELLE, rêveuse.

La vie est belle à deux, chantent-ils au passage;
Moi je suis toujours seule... hélas, seule en ces lieux...
Que dis-je?... Oh! non! car partout ton image,
O mon beau chevalier, est présente à mes yeux!
Que n'es-tu près de moi! Je te dirais : espère!
Si haut que soit mon rang, l'avenir est à nous.
Quand à Dieu, je voulais me consacrer, mon père
M'a dit : Tu choisiras toi-même ton époux!
Hier j'étais enfant, aujourd'hui je suis femme;
Ah! je le sens, au trouble de mon âme,
De l'amour je subis les lois.
J'aime!... pour la première fois!
J'aime et mon cœur me dit que je vais être aimée,
Qu'il se souvient de moi, que nous nous reverrons,
Celui qui, valeureux, m'arrachant aux affronts,
Ici me ramena mourante mais charmée,
Entre ses bras inanimée!

SCÈNE V

Les Mêmes, RENÉ, entrant par la gauche.

ISABELLE, apercevant René, à part.

Mais que vois-je? Est-ce lui...

Haut, à Marie.

Laissez-moi.

ACTE DEUXIÈME

MARIE.

Le devoir,
Princesse, à vos côtés m'enchaîne.

ISABELLE.

Seule, que puis-je craindre à cette heure sereine
    Où parmi les ombres du soir,
La lune, doux flambeau, dans les cieux étincelle,
    Rendant ainsi la nuit plus belle !

Sur un geste d'Isabelle, Marie s'éloigne.

SCÈNE VI

ISABELLE, RENE.

RENÉ, *s'arrêtant.*

Ici je l'ai quittée et j'y reviens errer,
Sans espérer la voir, rien que pour respirer
    L'air où son souffle a mis une caresse,
Et dans l'ombre, évoquer l'image enchanteresse !
Son voile soulevé, m'a laissé voir des traits
    Qu'à l'instant je reconnaîtrais ;
Mon cœur en a gardé l'empreinte trop fidèle,
    Voilée ou non, il me dirait : c'est elle !
Et pourtant je ne sais ni son nom ni son rang.
Je ne sais rien, sinon que mon âme l'appelle,
Et qu'à ses pieds, joyeux, je verserais mon sang.
Quand je l'interrogeai, sa voix timide et tendre,
    En refusant de la nommer,
  A mon espoir fit seulement entendre
    Que son cœur est libre d'aimer !

ISABELLE, *à part.*

Je ne me trompais pas... Dans l'ombre projetée
Le voici... C'est bien lui... lui qu'appelait mon cœur !

RENÉ.

C'est ici que je l'ai quittée.
L'apercevant.
Une femme?
La reconnaissant et courant à elle.
Ah! c'est vous!... Vous enfin!... O bonheur!

ISABELLE, à part.

Que je suis émue!... Ah! je tremble!
Haut et troublée.
Je n'ai pas oublié le service rendu
Et mon cœur s'en souvient. Mais vous seriez perdu
Si l'on nous surprenait ensemble.
Au nom du ciel, partez, partez!

RENÉ.

Rassurez-vous...
Tout est silence autour de nous,
Et quand je vous revois que m'importe la vie!
Elle serait cent fois bénie
Cette heure où je pourrais mourir à vos genoux!

CHATILLON et LE CHOEUR, dans le lointain.

Au murmure de l'onde,
Cœurs vraiment amoureux,
Oublions tout au monde,
La vie est belle à deux!

Pendant ce chœur, Isabelle, qui écoute, est restée rêveuse sur le devant de la scène. René est remonté pour écouter. Après le chant, il revient vers Isabelle et se met à genoux devant elle.

RENÉ, très doux et voilé.

Dans le calme de la nuit pure
Là-bas... entendez-vous
Ce chant... lointain comme un murmure.
« Le temps fuit... aimons-nous! »

LE CHOEUR, très loin.

Aimons-nous!

ACTE DEUXIÈME

ISABELLE, *répétant comme malgré elle.*

Aimons-nous!

RENÉ, *se relevant et avec feu.*

Dans la nature tout entière
L'amour est la grande prière,
L'amour a des élans vainqueurs
Qui pénètrent dans tous les cœurs.

ISABELLE.

Rêve idéal! Joie ineffable!
Quel trouble me charme et m'accable!
Le monde s'efface à mes yeux,
Sa douce voix m'ouvre les cieux.

RENÉ.

N'entends-tu pas des bruits d'ailes?
Dans les voûtes éternelles
Les anges planent sur nous;
Notre amour les rend jaloux!

ISABELLE.

Ah! je comprends que le ciel nous envie!
L'amour, c'est le bonheur suprême.

RENÉ.

C'est la vie!
Pour que mon cœur batte plus près du tien,
Laisse mes bras former une amoureuse chaîne;
Laisse-moi m'enivrer de ta brûlante haleine.
Je t'aime.
Il l'embrasse.

ISABELLE, *éperdue.*

Ah! ce baiser! ce baiser!

RENÉ, *la retenant, avec amour.*

Ne crains rien.
Dans mes bras reste bercée
Sans crainte, sans remords...
Dieu qui lit dans ma pensée,
Sourit à nos doux transports!

ISABELLE, s'abandonant.

Sur son cœur je suis bercée
　　Sans crainte ni remords,
Dieu qui lit dans ma pensée
　Sourit à nos doux transports.

ISABELLE, s'arrachant de ses bras.

　　Ah! laissez-moi!

RENÉ, la retenant.

　　　　Je t'adore!
A tes genoux je veux te le redire encore,
　Je ne puis vivre que pour toi!

ISABELLE.

Eloignez-vous! Partez! Quand votre bras m'enlace,
　　Devoir, honneur, vertu,
　　A mes yeux tout s'efface!
Si vous m'aimez, pitié! pour mon cœur éperdu!

RENÉ.

J'obéis... et je pars enivré d'espérance!
A demain!

ISABELLE.

　　A demain!

RENÉ.

　　Je vous aime!

ISABELLE.

　　　　　Silence!
Entendez-vous, on vient! Soyez prudent,
　Et partez sans perdre un instant.

ENSEMBLE.

ISABELLE.

　　Ah! fuyez! Dans l'ombre,
　　Des périls sans nombre
　　Menacent vos pas!
　　Il est temps encore,
　　Ma voix vous implore,
　　Ne résistez pas!

RENÉ.

Oui, je pars. Dans l'ombre,
Les périls sans nombre
Ne m'arrêtent pas!
Je t'aime, t'adore.
Mais ta voix m'implore
Et je pars, hélas!

Isabelle s'éloigne pour regagner ses appartements. — Rene veut partir, mais deux ombres se dressent devant lui, puis deux personnages qui le forcent à se cacher pour n'être pas surpris.

SCÈNE VII

LE ROI, ENGUERRAND, RENÉ, caché.

Tandis que la lune, éclairant un ciel splendide, inonde de lumière les deux amants, des nuages traversent le decor de cette scène d'ombres mystérieuses et presque fantastiques. — Une ronde de nuit passe au lointain pendant que le roi et Enguerrand qui ont paru au fond, descendent la scène.

CHOEUR, dans la coulisse.

Du couvre-feu déjà l'heure est sonnée,
Paris s'endort se confiant à nous.
Ainsi le veut la consigne donnée,
L'oreille au guet, sans cesse marchons tous.
Notre beau roi dans son palais sommeille
Tranquillement,
Car sur ses jours sa garde est là qui veille
Flamberge au vent!

LE ROI, sombre.

Or, donc, Enguerrand, c'est demain
Que l'ambassadeur d'Angleterre
Demande, pour son roi, la main
De mon enfant, avec la rançon de la guerre.

Avec abattement.

O double tourment!

J'avais juré naguère à ma fille Isabelle
De ne jamais disposer d'elle
Pour un royal hymen sans son consentement.
Pour assurer la paix je vais lui briser l'âme!...
Et puis, cet or que l'étranger réclame,
La rançon!... comment la payer?

ENGUERRAND, insinuant.

Le Temple est riche.

LE ROI.

Il m'a sauvé la vie
Et je ne saurais l'oublier.

ENGUERRAND, s'inclinant.

Qu'il soit fait selon votre envie.

LE ROI.

Tu hais le Temple?

ENGUERRAND, à part.

Oh! oui.

Haut.

Non! Mais pour vous je crains
Son pouvoir grandissant et sa croissante audace...

LE ROI.

Ne suis-je pas le roi?

ENGUERRAND.

Est-il des souverains
Que sa puissance ne menace?
Et le pape même aujourd'hui
Ne tremble-t-il pas devant lui?
Ils ont la gloire, ils ont le glaive
Qui plane sur les fronts penchés,
Et l'or qui, par monceaux, s'élève
Au fond de leurs trésors cachés.
Ils ont le prestige qui dompte
Et le courage qui séduit,
Et sur les trônes pleins de honte,
Farouche, la croix rouge luit!

ACTE DEUXIÈME

LE ROI.

Mais ils m'ont défendu, mais ils ont ma parole.

ENGUERRAND.

Croire à leur dévouement est vraiment chose folle!
Ne disent-ils pas, en tout lieu,
Qu'ils n'ont qu'un seul maître?

LE ROI.

Oui, Dieu.

ENGUERRAND.

Mais ce n'est pas pour Dieu que leur humeur rapace
Enfouit les biens qu'elle amasse.
Christ était pauvre. Ils sont riches!

LE ROI.

C'est vrai, morbleu!

ENGUERRAND.

C'est pour tout dominer qu'on les voit tout nous prendre.
Mais puisqu'ils sont tant vos amis,
Faites savoir à ces sujets soumis
Qu'ils ont un service à vous rendre!

LE ROI.

C'est vrai. Je veux mander Jacques Molai demain,
Et cet or qu'il nous faut, je l'aurai du Grand-Maître
Certainement.

ENGUERRAND, souriant avec ironie.

Dites: peut-être!

LE ROI.

Je te dis que j'en suis certain.

ENGUERRAND.

Nous verrons bien!

Ils s'éloignent, René apparait.

SCÈNE VIII

RENÉ, tristement.

Mon père aussi qui les accuse !
Et je n'ai pu les défendre en ce lieu !
Mais il saura bientôt à quel point on l'abuse !
Et je vous vengerai, nobles soldats de Dieu !

A ce moment, les nuages disparaissent, le ciel s'éclaircit à nouveau. René revient à d'amoureuses pensées et contemple la nuit étoilée.

De joie et de bonheur mon âme est inondée !
Nuit d'amour et d'ivresse à l'amour accordée !
Rêve divin ! rêve enchanté !
Je n'ose croire à ta réalité.....

La fenêtre d'Isabelle qui s'est éclairée depuis un instant s'ouvre mystérieusement, et elle apparaît une fleur à la main.

O nuit d'ineffable harmonie,
De serments sans cesse échangés,
Où nos cœurs se sont engagés,
Pour toujours ! ô nuit ! sois bénie !

Isabelle lui jette la fleur qu'il ramasse et baise avec transports. — Rideau.

ACTE TROISIÈME

PREMIER TABLEAU

Le cabinet de travail du roi. — Ameublement en chêne. — Tentures sombres. — Panoplies.

SCÈNE PREMIÈRE

LE ROI, MOLAI.

MOLAI.

J'accours à votre appel.

LE ROI.

Je vous en remercie,
Grand-Maître, et me souviens que je vous dois la vie.

MOLAI.

Défendre l'opprimé fut notre loi toujours.

LE ROI.

J'ai mon devoir aussi : défendre la couronne !
Un roi met son honneur au-dessus de ses jours.
Comme autrefois, Molai, venez à mon secours.

MOLAI.

Sire, parlez.

LE ROI.

Au roi d'Angleterre je donne
Ma fille. Mais il faut, pour sceller cet hymen

Nous ouvrant vers la paix un glorieux chemin,
L'or qui me fait défaut. Molai, je me décide
A m'adresser à vous, car le trésor est vide
    Et l'Anglais, toujours exigeant,
Pour conclure aujourd'hui réclame cet argent.
Votre ordre est riche !... Et c'est, n'est-ce pas, chose faite...
Enguerrand, en mon nom, reconnaîtra la dette.
    Voyant que Molai se tait.
    Eh bien !

        MOLAI, à part.

    O cruel embarras !
  Haut et avec foi.
    Daignez me pardonner !... ô sire !
    Car je ne sais comment vous dire...
L'Ordre est pauvre, et cet or ne nous appartient pas.
    Dépôt sacré, c'est celui des fidèles
Qui nous ont dit : Chrétiens, courez tous au Saint-Lieu,
Ne laissez pas le Christ au pouvoir des rebelles,
Cet or nous fut remis pour venger notre Dieu !

        LE ROI.

Quoi, vous me refusez ?

      MOLAI, avec fermeté.

    Oui, sire, je le dois !

        LE ROI.

  Dieu m'a fait père et m'a fait maître,
  Et c'est pour défendre leurs droits
  Qu'il arma la droite des rois
  Contre qui ne s'y veut soumettre.
  Qu'importe l'ancienne amitié !
  La cause que je sers est belle,
  Et l'honneur veut que tout rebelle
  Sans attendre soit châtié !

     MOLAI, montrant le ciel.

Qui sert son Dieu d'un roi n'attend pas la pitié.

ACTE TROISIÈME

LE ROI, avec fureur.

Vous qui prétendez sur ce monde
Poser votre pied souverain,
Ecoutez!... Sur vos fronts d'airain
Voici la tempête qui gronde.
Contre moi qui vous défendra?
Comme une idole aux pieds d'argile,
Bientôt votre pouvoir fragile
Dans le néant s'écroulera!

MOLAI.

De qui meurt le servant, le ciel se souviendra!

LE ROI, furieux.

Pour la dernière fois, Jacques Molai, je prie.

ENSEMBLE.

LE ROI.

Refuser, c'est trahir son prince et sa patrie!
C'est agir en rebelle et c'est braver son Dieu!
Molai, comme autrefois, je me souviens... Adieu!

MOLAI.

Je suis prêt à verser mon sang pour la patrie.
Je ne puis disposer de la rançon de Dieu!
Sire, n'insistez pas et pardonnez... Adieu!

Il salue et sort. — Enguerrand entre.

SCÈNE II

LE ROI, ENGUERRAND.

LE ROI.

Enguerrand, tu dis vrai! chez ces hommes de fer,
Rien ne vit que l'orgueil de la toute-puissance
Et cet orgueil en fait, devant ma conscience,
Non des soldats du ciel, mais des fils de l'enfer.

ENGUERRAND, joyeux.

Je l'avais bien prévu !

LE ROI.

Cet or qu'il nous refuse,
Enguerrand, nous l'aurons par la force ou la ruse !
Prouve un crime et ma main tient prêt le châtiment !

ENGUERRAND.

Vous pourrez les frapper bientôt, j'en fais serment !
Il sort. Entre Marie de Simiane.

SCÈNE III

LE ROI, MARIE DE SIMIANE.

MARIE.

Sire, dans ce moment,
Confiante en votre tendresse,
Par ma voix, ma royale maitresse
Sollicite de vous un moment d'entretien.

LE ROI.

Qu'elle entre donc ! C'est-bien.
Marie se retire.

SCÈNE IV

LE ROI, ISABELLE.

DUO.

LE ROI.

Vous voulez me parler, ma fille.
Je cède à vos vœux, me voici.
Mais que vois-je ? en vos yeux une larme qui brille !
Qu'avez-vous donc ? Pourquoi pleurer ainsi ?

ACTE TROISIÈME

ISABELLE, agitée et fiévreuse.

Je ne puis croire encor ce qu'on vient de m'apprendre,
Et de vous, je veux tout entendre :
Tout à l'heure, à l'instant,
On vient de me parer pour l'hymen qui m'attend.
Pourquoi n'ai-je pas su plus tôt cette nouvelle?
Cette union, mon père, quelle est-elle?
Et qui doit être mon époux?
Par pitié, répondez?

LE ROI.

Ma fille, calmez-vous !

ENSEMBLE.

LE ROI.

L'honneur le veut ! Il vous faut obéir !
De votre cœur et de votre naissance
J'attends ici le repos de la France
Et, dès demain, princesse, il faut partir !
Voyez mon peuple... il est au désespoir,
Cédez-lui donc, sans regrets, sans contrainte,
De votre esprit, bannissez toute crainte,
Ainsi que moi, faites votre devoir !

ISABELLE.

Quelle douleur! Je ne puis obéir,
Je ne saurais, car c'est trop de souffrance,
Sacrifier mon amour à la France...
Je ne dois pas, je ne veux pas partir !
Sire, en vous seul, j'ai mis tout mon espoir,
Faudra-t-il donc céder à la contrainte...
Voyez l'effroi dont mon âme est atteinte,
Et vous quitter... ce n'est pas mon devoir.

LE ROI.

Pour terminer une sanglante guerre,
Au glorieux roi d'Angleterre
Hier, j'ai décidé d'accorder votre main.
J'assure à mes sujets la paix par cet hymen,
Car mon trésor est vide et je n'ai plus d'armée,

Celle qui combattait à Mons est décimée !
Enfin, mon peuple est las,
Pour moi de marcher au trépas !

ISABELLE, désespérée.

En unissant ma destinée
A ce puissant rival, vous faites mon malheur !
Avant d'avoir vécu ma vie est terminée.
Mon père, j'ai donné mon cœur.

LE ROI.

Qu'entends-je ?

ISABELLE.

Alors, qu'enfant, je rêvais le bonheur
D'être à Dieu, du couvent vous m'avez détournée,
En me disant ces mots si doux :
Un jour, tu choisiras, toi-même, ton époux.
Je l'ai choisi.

LE ROI, avec colère.

Quoi ! sans l'aveu de votre père,
A mon insu...

Isabelle courbe le front.

Pourquoi
N'osez-vous plus lever le front vers moi ?...
Vous vous taisez... Votre embarras m'éclaire !

Bondissant à cette révélation.

Malheureuse !

ISABELLE, à genoux.

Pardon !

LE ROI, atterré, à lui-même.

De douleur, je frémis !
Déjà les femmes de mes fils
Ont fait entrer la honte en ma famille !
Et, pour me consoler, je n'avais que ma fille...
Elle me réservait, elle, cette douleur !...
Cet amant, quel est-il ? Son nom, dites-le moi ?

ACTE TROISIÈME

ISABELLE.

Vous le nommer est impossible !
Votre colère, hélas ! serait terrible !
Vous le tueriez !

LE ROI.

Tout vous fait une loi
De répondre !

ISABELLE, avec fermeté.

Jamais !

LE ROI.

Qu'il craigne ma vengeance !

Fanfares au dehors.

Ecoutez ! La cour vient !... Remettez-vous !... Silence !...
Et sachez obéir, car je vous parle en roi !

Rideau.

DEUXIÈME TABLEAU

Les jardins du palais. — A gauche, large velum flanqué d'arceaux de verdure entremêlés de mâts dorés et surmontés d'oriflammes aux armes de France et d'Angleterre. Le trône occupe le centre de la place que recouvre le velum. Au lever du rideau, le roi prend sa fille par la main et se place sur le trône, Isabelle occupant un tabouret à ses pieds.

CHŒUR.

Les bannières longtemps rivales
Ensemble flottent dans les airs,
Et les fanfares triomphales
Frappent l'écho de leurs concerts.
Plus de combats, voici la trêve,

C'est le repos qui vient s'offrir ;
Salut à la paix qui se lève,
Aux beaux jours qui vont refleurir !

SCÈNE IV

Les Mêmes, Un Héraut, LORD MORTIMER, ENGUER-
RAND.

LE HÉRAUT, annonçant.

Noble lord Mortimer.

LORD MORTIMER, entrant. Il est précédé de quatre trompettes et suivi d'une escorte de chevaliers et de pages. Ceux-ci portent une couronne royale et un anneau sur un coussin de velours. Lord Mortimer s'avance vers le roi et, après avoir mis un genou en terre, il se relève.

Sire, au nom de mon roi
J'ose vous demander la main de la princesse
Votre fille ; et je viens offrir à Son Altesse
De la part de mon maître, en gage de sa foi,
L'anneau nuptial, la couronne
Que son royal époux lui donne.

LE ROI, se levant.

Puisse cette alliance assurer à jamais
Entre nos deux pays la concorde et la paix !

Le roi descend de son trône, prend sa fille par la main et la présente à Mortimer.

SCÈNE VII

Les Mêmes, MARIE DE SIMIANE, entrant, suivie de Demoiselles d'Honneur, et s'adressant à Isabelle.

MARIE et LES DEMOISELLES D'HONNEUR.

Madame, daignez nous entendre
Car votre âme sait nous comprendre.

ACTE TROISIÈME

MARIE.

Vers vous, c'est notre cœur
Qui nous amène,
Jeune reine ;
Sur la rive lointaine
Vous attend le bonheur !

LES DEMOISELLES D'HONNEUR.

Nos vœux
Respectueux,
Hors la patrie
Si chérie,
Pour que tout vous sourie,
Vous suivront en tous lieux !

LES CHEVALIERS FRANÇAIS.

Soldats
Que les combats
Ont rendu frères,
Pour vous, naguères,
Nous bravions les dangers des guerres !
O noble fille de nos rois,
Vous rendiez nos âmes bien fières
En souriant à nos exploits.

MARIE, à Isabelle.

Bien loin de ce séjour
Plein d'allégresse
Et de liesse,
Dans vos rêves, sans cesse,
Pensez à notre amour.

LES DEMOISELLES D'HONNEUR.

Nos vœux
Respectueux,
Hors la patrie
Si chérie,
Pour que tout vous sourie,
Vous suivront en tous lieux !

BALLET

SCÈNE VIII

Les Mêmes, RENÉ et CHATILLON.

CHATILLON, à René, à demi-voix.

Eh bien?

RENÉ, montrant Isabelle.

Ah! la voici! c'est elle... auprès du Roi.

CHATILLON.

Sa fille? Malheureux!

RENÉ, avec désespoir.

Tout est fini pour moi!

CHŒUR GÉNÉRAL.

Nous jurons tous obéissance
A la reine de notre cœur.
Au cri joyeux : Vive la France!
Chacun répond avec bonheur!

RENÉ, à part.

Je comprends quelle est sa souffrance,
Son sacrifice et sa pâleur!
Pour notre amour plus d'espérance!
Triste réveil que la douleur!

ENCUERRAND, observant René.

D'où lui vient donc cette souffrance?
Sur tous ses traits, quelle pâleur!
Son cœur s'ouvrait à l'espérance,
Et je sens se briser son cœur!

ACTE TROISIÈME

ISABELLE, à part.

Plus d'amour et plus d'espérance !
Rien que regrets et que douleur !
O mort, achève ma souffrance
Avec mon rêve de bonheur !

LE ROI, à Isabelle.

Vous me devez obéissance !
Pour mon repos, pour votre honneur,
Il faut partir, quitter la France.
Pour mes sujets, c'est le bonheur !

CHATILLON, regardant René.

Mais sur ses traits, quelle souffrance
Et d'où vient donc cette pâleur ?
A-t-il perdu toute espérance
Qui peut causer cette douleur ?

MARIE.

Ma noble amie, à la puissance
Devra bientôt tout son bonheur !
Quel avenir ! Quelle alliance !
La voilà reine ! Ah ! quel honneur !

LE CHŒUR

Nous jurons tous obéissance
A la reine de notre cœur.
Au cri joyeux : Vive la France !
Chacun répond avec bonheur.

A la fin de l'ensemble, lord Mortimer prend la main d'Isabelle et la présente comme reine d'Angleterre à ses chevaliers. René sort en désordre par le fond.

Rideau.

ACTE QUATRIÈME

PREMIER TABLEAU

La salle du chapitre dans le palais du Temple.—Décoration très sobre consistant en trophées d'armes orientales conquises en Palestine. Les statues des huit grands maîtres de l'Ordre. Large baie surmontée d'une croix et séparée de la chapelle par une draperie. Entrée principale au fond masquée par une draperie devant laquelle un Templier, l'épée nue à la main, fait sentinelle.

SCÈNE PREMIÈRE

Au lever du rideau, on entend un chœur dans la chapelle à droite.

CHŒUR

Quoniam in me speravit, liberabo eum.
Protegam eum quoniam cognovit nomen meum.
Clamabit ad me et ego exaudiam eum.

RENÉ.

Entrant par le fond, un pli scellé à la main, et le remettant à la sentinelle.

Mon frère, prévenez à l'instant le Grand-Maître
    Qu'un malheureux, de douleur accablé,
        Réclame l'honneur de paraître
        Devant le chapitre assemblé.

Le Templier s'incline et sort. — René seul. Il est pâle, et vêtu de noir.

ACTE QUATRIÈME

RÉCITATIF.

Loin des regards, loin des bruits de la terre,
Hélas, le cœur frappé d'un coup mortel,
Je viens ici chercher la paix austère
A l'ombre sainte, au pied du saint autel !
Pour y prier sous tes cloîtres de pierre,
En attendant le dernier de mes jours,
Je viens à toi, maison de la prière.
O noble abri que l'on trouve toujours,
 Salut, maison de la prière
Où j'attendrai le dernier de mes jours !

AIR.

O cher amour, ô charme de ma vie
En te perdant, je me consacre à Dieu ;
Celle que j'aime, à mon âme est ravie...
Il faut lui dire un éternel adieu !
C'est mon bonheur, aujourd'hui, qui s'achève,
Je dois, hélas, oublier mes amours !
 Adieu, beau rêve !
Mon pauvre cœur est brisé pour toujours !

LE CHOEUR DES TEMPLIERS, dans la coulisse.

Cum ipso sum in tribulatione; eripiam eum, et glorificabo eum ; Benedicite Dominum, omnes servi Domini. Benedicat te qui fecit cœlum et terram !

RENÉ.

O cher amour, ô charme de ma vie,
En te perdant, je me consacre à Dieu ;
Celle que j'aime à mon âme est ravie,
Il faut lui dire un éternel adieu !

SCÈNE III

MOLAI, RENÉ.

DUO.

MOLAI, entrant par le fond.

Vous m'avez appelé, mon fils, et me voici.
Parlez. Que voulez-vous? Qui vous amène ici?

RENÉ, avec douleur.

Je viens chercher la paix austère,
Le cœur frappé d'un coup mortel,
Loin des bruits de la terre,
A l'ombre sainte de l'autel.

MOLAI.

Cette paix, ô mon fils, que votre cœur désire,
Savez-vous de quel prix il la faut acheter?

RENÉ

Je suis prêt, mon père, à souscrire
Aux lois que vous m'allez dicter.

MOLAI, continuant.

Savez-vous qu'il n'est plus ni trésor, ni famille
Pour celui qui demande à vivre en ce saint lieu?
Loin de tout ce qu'on aime, et de tout ce qui brille
Il faut vivre et mourir!

RENÉ, avec élan.
Je veux aller à Dieu!

MOLAI.

Et ce dédain fier et suprême
L'étendrez-vous, mon fils, à l'amour même!

RENÉ, avec tristesse.

J'ai connu ce doux sentiment
Et n'en comprends plus le langage.

ACTE QUATRIÈME

MOLAI.

Savez-vous qu'un serment terrible vous engage?

RENÉ, avec fermeté.

Je tiendrai ce serment !

ENSEMBLE

RENÉ.

Oui, devant Dieu qui me contemple
Je promets de vivre ici-bas,
Serviteur du Ciel dans le Temple,
Son serviteur dans les combats !

MOLAI,

Devant ce Dieu qui vous contemple
Vous promettez d'être, ici-bas,
Serviteur du Ciel, dans le Temple,
Son serviteur dans les combats !

RENÉ.

Un dernier mot, encore, ô vénérable Maître,
Car je dois me faire connaître...
Entendrez-vous mon nom sans trouble et sans effroi...
Je suis fils d'Enguerrand, le Ministre du Roi !

MOLAI, reculant surpris.

Fils d'Enguerrand de Marigny !

RENÈ.

Moi-même !

MOLAI, se remettant.

Eh ! que m'importe !
Le Temple saint ne ferme point sa porte
Même à son plus cruel et farouche ennemi.
Si nous repoussions dans le gouffre
L'homme désespéré qui souffre
Et que nous pouvons retenir,
Quel Dieu nous verrait-on servir ?
Celui que nous servons a prêché la clémence !
De tous les malheureux nous sommes les soutiens,
Et nous n'avons jamais souvenir d'une offense.

RENÉ, s'inclinant.

Mon père, je vous appartiens.

REPRISE DE L'ENSEMBLE.

RENÉ.

Oui, devant Dieu qui me contemple
Etc.

MOLAI.

Devant ce Dieu qui vous contemple
Etc.

Molai frappe sur un timbre. Deux Templiers paraissent et viennent se placer de chaque côté de René.

MOLAI, à René.

Et vous, mon fils, retirez-vous.

René sort.

Entrée et défilé des Templiers avec leur étendard et sur une marche d'un caractère religieux. A la fin de la marche, René reparaît sans armes, et ramené par ses deux parrains.

MOLAI.

René de Marigny, qu'importe votre race ;
C'est Dieu qui, dans nos rangs, vous accorde une place.
Devant notre étendard, mettez-vous à genoux.

Le Templier qui porte le Beaucéant s'est avancé, René s'agenouille.

RENÉ.

Avec respect, j'embrasse
Ces plis qui, des combats, gardent la noble trace !

Des écuyers se sont approchés de Molai, portant sur des coussins de velours toutes les pièces d'une armure de Templier.

MOLAI, prenant l'épée.

Au nom du Christ, je vous remets,
Mon fils, devant tous, cette épée,
Au sang du Musulman trempée.
Mais ne vous en servez jamais
Qu'en faveur d'une cause pure !
Le jurez-vous ?

ACTE QUATRIÈME

LES TEMPLIERS.

Le jurez-vous ?

RENE, étendant l'épée.

Oui, je le jure.

MOLAI, prenant une croix qu'il porte à sa ceinture.

Enfin, me jurez-vous de mourir sous l'armure
Pour le service de la croix
Et la défense de ses droits ;
Le jurez-vous ?

LES TEMPLIERS.

Le jurez-vous ?

RENÉ, étendant la main sur la croix.

Oui, je le jure !

MOLAI, très solennel.

Par un serment dont rien ne peut vous délier,
Pour jamais votre destinée
Au sort du Temple est enchaînée.
Mon fils, vous êtes Templier !

LE CHŒUR.

Par un serment dont rien ne peut vous délier,
Pour jamais votre destinée
Au sort du Temple est enchaînée.
Frère, vous êtes Templier !

Pendant le chœur qui précède, Molai donne l'accolade a René, puis il lui frappe les deux épaules du plat de l'épée. René reprend l'épée et en porte la garde à ses lèvres. Cette garde est en forme de croix et contient une relique enchâssée. Les écuyers s'approchent ensuite et l'arment de toutes pièces. L'un d'eux lui place un manteau blanc sur les épaules. A la fin de cette scène les Templiers rentrent dans la chapelle.

RENÉ.

Je n'espère qu'en toi, solitude infinie.
Fais que j'oublie ici ce qu'on nomme la vie !

Avec désespoir.

Isabelle ! Isabelle !

Il tombe accablé en éclatant en sanglots. A ce moment, Jacques Molai le touche à l'épaule et lui fait signe de l'écouter.

MOLAI.

Tu pleures ! pauvre enfant. Le regret et le doute
Déjà brisent ton cœur ? Ne souffre pas. Ecoute :
Suivant nos saints statuts par le pape approuvés,
A tes réflexions trois jours sont réservés,
Durant lesquels tu peux, libre encor de toi-même,
Renoncer à ton vœu, sans braver l'anathème.
Mais si, ce temps passé, tu rentres dans ce lieu,
A jamais tes instants appartiennent à Dieu !
  Va, mon fils, que le ciel t'éclaire !

RENÉ, avec fermeté.

Dans trois jours, en ce lieu, je reviendrai, mon père !

René s'incline et sort.

SCÈNE IV

MOLAI, puis Les Templiers.

MOLAI.

Seigneur, guide son âme en tes chemins sacrés !

Grande rumeur au dehors.

Et détourne de nous les clameurs de la terre.

Il s'apprête à sortir.

TEMPLIERS, entrant de tous côtés.

Maître, par des soldats nos murs sont entourés.
Sous l'étendard royal s'avance leur cohorte.
On disperse le peuple... entendez-vous leurs pas ?

ACTE QUATRIÈME

MOLAI.

Que personne de vous ne sorte !

LES TEMPLIERS.

Pour défendre la croix rouge jusqu'au trépas,
Aux armes ne courrons-nous pas ?

On frappe rudement à la porte.

VOIX, *au dehors.*

Ouvrez au nom du roi.

LES TEMPLIERS.

Résistons-leur !

MOLAI.

Qu'importe !
Qu'on leur ouvre grande la porte !

Les Templiers obéissent, ouvrent la porte et se rangent, l'épée nue, des deux côtés autour de Jacques Molai. Un officier entre, suivi d'un gros de soldats.

L'OFFICIER.

Au nom du roi, je viens m'emparer, en ce lieu,
De ceux qui, se disant les serviteurs de Dieu,
Sont accusés d'oser menacer la couronne.
Templiers, rendez-vous !

MOLAI.

Que le ciel te pardonne !

Aux Templiers.

Frères, obéissons ! Gloire à Dieu !

LES TEMPLIERS, *remettant tous leurs épées dans le fourreau.*

Gloire à Dieu !

On s'empare d'eux.

Rideau.

DEUXIÈME TABLEAU

L'appartement d'Isabelle. A gauche, large fenêtre à vitraux encadrés de plomb et donnant sur la grève. Petite porte dans la tapisserie. Au loin, la Seine eclairée par un rayon de lune. Ameublement gothique. A droite, large porte avec draperies donnant sur l'intérieur du palais.

SCÈNE V

ISABELLE, MARIE.

ISABELLE.

Qu'ai-je entendu !
Lui Templier ! Lui pour jamais perdu !
Non ! Ce n'est pas possible !
C'est un mensonge ! un rêve horrible !

MARIE.

Las ! Madame, il entrait au Temple : je l'ai vu.

ISABELLE.

Mais le vœu qu'il a fait peut se briser encore.
Il a trois jours pour l'abjurer.
Va ! Cours ! Ramène-le ! Je souffre ! je t'implore !
J'ai besoin de savoir s'il faut désespérer
Et pleurer !

Marie sort.

SCÈNE VI

ISABELLE, seule.

Ah! combien cruelle est l'attente!
Le trouvera-t-elle ? J'ai peur!
Le dernier espoir qui me tente,
Dieu juste, sera-t-il trompeur ?

Elle va à son balcon.

La nuit est sereine et pareille
A cette nuit, plus belle que le jour
Où sa voix douce, à mon oreille,
A dit les premiers mots d'amour !
Ainsi quand il disait : Je t'aime !
Les étoiles en chœur brillaient dans l'air sacré.
Tout dans la nature est de même,
Mais mon cœur est désespéré !

Lui Templier ! Lui pour qui dans mon âme,
J'avais juré de briser cet hymen,
Dédaignant d'être reine afin d'être sa femme,
Lui gardant mon cœur et ma main !
Lui Templier ! Non ! non ! je veux douter encore !
Sauf à le perdre à tout je me soumets.
Car je sens d'autant plus à quel point je l'adore
Qu'un sort plus rigoureux nous sépare à jamais !

Ah ! combien l'attente est cruelle,
Etc.

SCÈNE VII

ISABELLE, RENÉ.

René entre par la petite porte de gauche. Il est enveloppé d'un manteau de couleur sombre.

ISABELLE, s'élançant vers lui.

Ah ! René ! vous enfin !

RENÉ, se reculant et saluant avec froideur et respect.

Votre Altesse réclame
Ma présence... et je viens pour obéir, madame.

ISABELLE, étonnée, douloureusement.

Quoi ! c'est vous qui parlez ainsi ; René, c'est vous
Que devant Dieu j'appelais mon époux ?
Quoi ! vers vous quand mon cœur s'élance...
Vous que j'aime, René !

RENÉ, avec force, l'interrompant.

Silence !
Je ne vous connais plus !... Non ! non !
Vous n'avez plus le droit de prononcer mon nom !

ISABELLE, émue.

Mon Dieu !... je me soutiens à peine.

A René avec douceur.

Que me reprochez-vous ?

RENÉ, avec amertume.

Vous voulez être reine !

ISABELLE.

Reine ! Ah ! croyez que mon cœur
Met plus haut son honneur !
Ignorez-vous donc quelle épreuve
Mon père, hélas ! m'a fait subir ?

RENÉ, avec emportement.

Il fallait résister !

ISABELLE, de même.

Il fallait obéir !
Maintenant je suis prête à vous donner la preuve
Que je n'aime que vous... Fuyons pour oublier,
Fuyons ces destins redoutables.

RENÉ.

Fuir ?... Nous serions deux fois coupables...
Vous êtes reine...

ACTE QUATRIÈME

Laissant tomber son manteau qui laisse apparaître sa robe blanche et la croix rouge.

   Et je suis Templier !

   ISABELLE, *reculant terrifiée.*

C'est donc vrai ? Malheureux !... Est-ce assez de douleurs !
Séparés... pour jamais !... Non, non !... pitié !... Je meurs...

   Elle se soutient anéantie sur son prie-dieu.

  RENÉ, *se mettant à genoux près d'elle et avec amour.*

Reprends tes sens... et calme tes alarmes,
Mon cœur se brise à voir couler tes larmes !
Avant ma mort, daigne me pardonner.

   ISABELLE, *avec douceur.*

Je te pardonne, et du fond de mon âme !
C'est toi, René, toi qui m'as su donner
Ce doux amour dont je chéris la flamme,
Qui, pour toujours, devait nous enchaîner.
Pour ce passé, pour ce rêve d'ivresse
Je donnerais tous mes jours pour un jour.
Je te pardonne... et pleure ta tendresse,
Je te bénis... et pleure ton amour !

   RENÉ, *se levant.*

Ah c'est trop souffrir !... Le destin l'ordonne,
Viens donc, ô mort !... A toi je m'abandonne !

   ISABELLE.

Mais pour prononcer de tels vœux
Ton cœur m'avait donc oubliée ?
Nous pouvions encore être heureux.
Moi, j'étais libre...

   RENÉ.

   Oh ! non, non, vous étiez liée
Devant tous !

   ISABELLE.

  Et pourtant aucun pouvoir humain
  Ne m'eût contrainte à cet hymen.
Va ! tu ne m'aimes pas, René, comme je t'aime !

LES TEMPLIERS

RENÉ, faiblissant.

Isabelle !... O chère âme... A cette heure suprême
    A l'heure des adieux derniers
N'accuse pas un cœur qui se brise à tes pieds !

Il la prend dans ses bras. Elle laisse tomber sa tête sur son épaule et tous deux semblent écouter leurs souvenirs.

ISABELLE, comme dans un rêve et avec extase.

Mon âme, en souriant, s'éveillait à la vie.
    Des voix chantaient autour de nous
  Nous écoutions muets, l'âme ravie.
Ce chant disait : « Le temps fuit, aimez-vous ! »

L'ÉCHO, dans le lointain, très doux.

Aimez-vous ! aimez-vous !

RENÉ, s'arrachant de ses bras.

Ah ! fais taire ces chants dont la douceur me tue !
Je sens mon cœur fléchir et ma force abattue.
Isabelle, j'ai peur d'être parjure !

ISABELLE.
          Eh bien ?
Ne le suis-je donc pas ?

RENÉ, suppliant.
       Isabelle, mon âme,
Pitié pour mon honneur !

ISABELLE.
      Je t'ai donné le mien.

RENÉ.

Renier ses serments est une chose infâme !

ISABELLE.

Mais trahir qui nous aime est un crime entre tous !
    Ah ! René, plus haut que la terre,
    L'honneur et les hommes jaloux,
    Entends, dans le ciel solitaire,
    La voix qui murmure : aimez-vous !
    C'est Dieu qui nous dit : aimez-vous !

ACTE QUATRIÈME

RENÉ, se jetant aux genoux d'Isabelle.

Isabelle, toi que j'adore !
Ah ! je veux vivre à tes genoux.
J'étais fou de douter encore.
Tu les as dits ces mots si doux :
Dieu nous le permet... aimons-nous !

ENSEMBLE.

C'est Dieu qui nous dit : aimez-vous !

Elle est dans ses bras. A ce moment, Marie de Simiane entre épouvantée. René et Isabelle se précipitent vers elle, inquiets.

SCÈNE VIII

LES MÊMES, MARIE.

MARIE.

Ah ! fuyez, je vous en conjure !

RENÉ.

Quoi donc ?

MARIE.

Le roi vient.

ISABELLE, affolée.

Que dis-tu ?

MARIE.

Le roi vient ! Par messire Enguerrand prévenu
Qu'un jeune Templier, glissant dans l'ombre obscure,
Etait entré, le roi, trompé par ses discours,
Croit qu'on en veut à ses jours !

RENÉ.

Ciel !

MARIE, entraînant Isabelle.

Ah ! venez ! le péril est extrême !

RENÉ, aidant Marie à la faire sortir.

Va !

ISABELLE, résistant.

Mais toi !

RENÉ, avec passion.

Ne crains rien ! Je t'aime !

Isabelle sort et René s'apprête à fuir quand le roi apparaît.

SCÈNE IX

RENÉ, LE ROI.

LE ROI.

Arrête, assassin !

RENÉ, à part.

Assassin ! Moi ! Soit ! Souffrons tout pour elle !

LE ROI.

Attenter à ma vie était bien ton dessein ?

RENÉ.

Oui, sire.

LE ROI.

Malheureux !

SCÈNE X

Les Mêmes, Courtisans, Officiers et Gardes.

LE ROI, ouvrant la porte de droite. Aux seigneurs.

Saisissez ce rebelle !

On s'empare de René.

J'ai des forfaits du Temple une preuve nouvelle.
A la fin, c'en est trop, et je veux me venger !
Venez autour de moi, venez tous vous ranger !
    Les Templiers sont d'infâmes rebelles
    Prenant toujours leur volonté pour droit.
      Frappez ces sujets infidèles,
      Frappez les ennemis du roi !

CHOEUR.

Les Templiers sont d'infâmes rebelles
Prenant toujours leur volonté pour droit.
    Frappons ces sujets infidèles,
    Frappons les ennemis du roi !
A notre souverain nous gardons notre foi.
    En avant ! en avant ! aux armes ! ·
    Pas de faiblesse et pas d'alarmes !...
    En avant ! et vive le roi !...

Ils tirent tous leurs épées.

Rideau.

ACTE CINQUIÈME

Le terre-plein de la Cité. A droite et se présentant obliquement, un large bûcher contourné à droite par un passage latéral et devant lequel se dresse une croix. Au fond, le vieux Paris. A gauche, l'estrade réservée au roi, au légat et à la cour.

SCÈNE PREMIÈRE

Au lever du rideau, des HOMMES D'ARMES gardent le bûcher. D'autres, sur le devant de la scène, chantent, boivent et jouent aux dés.

CHOEUR DES SOLDATS.

En avant, camarades,
Les plaisirs et les jeux ;
Et vidons, par rasades,
Ces flacons généreux !
Ah ! quelle bonne aubaine !
Tout nous fait une loi
De boire au capitaine,
De boire à notre roi !
Sablons gaiement le nectar qui rayonne,
Et qui nous met la joie au cœur !
Vive à jamais celui qui nous le donne,
Dans les combats, qu'il soit toujours vainqueur !

Ils se remettent à jouer.

CHOEUR DES PÉNITENTES, entourant la croix.

Sainte vierge adorée !
Prions pour ceux qui vont souffrir ;

ACTE CINQUIÈME

Pardonnez, mère vénérée,
A ces pécheurs qui vont mourir!

On entend sonner le glas de Notre-Dame. L'orage gronde au loin.

SCÈNE II

Les Mêmes, Hommes et Femmes du Peuple, accourant frappés de terreur.

LE CHOEUR.

Entendez-vous les lugubres accents
Du glas de Notre-Dame?
Ce triste bruit tient les cœurs frémissants
Et met la mort dans l'âme!
Le vent, en tourbillon, vient obscurcir les airs,
Au loin gronde la foudre et brillent les éclairs.
Triste présage,
Divin courroux!
C'est un orage
Qui fond sur nous.
Le ciel, dans sa vengeance,
Tout prêt à s'entr'ouvrir,
Prendrait-il la défense
De ceux qui vont mourir?
Le glas funèbre, et le tonnerre
Répandent le deuil sur la terre.
Le cœur se serre, en proie à la terreur,
Ce jour maudit est un jour plein d'horreur!

LES SOLDATS, riant.

Ah! ah! ah!
Regardez! Ce bûcher n'a-t-il pas fière mine?
Les pauvres chevaliers
Au milieu de la flamme auront soif, j'imagine.
A la santé des Templiers!

Ils se remettent à boire.

SCÈNE III

Les Soldats, CHATILLON.

CHATILLON, entrant.

Lâches, faut-il vous dire,
Que vous êtes soldats, et non pas des bourreaux !
Vrai Dieu ! C'est infâme de rire
Lorsque vont mourir des héros !

Les soldats se reculent, confus, devant l'indignation de Chatillon et gardent le silence.

SCÈNE IV

Les Mêmes, ENGUERRAND, entrant fiévreux et courant à Chatillon.

ENGUERRAND.

Mon fils ?

CHATILLON.

Sauvé !

ENGUERRAND, fou de joie.

Merci !

CHATILLON.

Pour décider sa fuite,
Nous avons dû mentir, lui disant que le roi
Leur faisait grâce à tous ; nos amis lui font suite.
Il est loin maintenant.

ENGUERRAND, voulant prendre les mains de Chatillon.

Chatillon, laissez-moi
Sur mes lèvres presser la main loyale et bonne...

CHATILLON, se dégageant lentement avec une nuance de dégoût.

Monseigneur Enguerrand, que le ciel vous pardonne !
Il sort.

ENGUERRAND, avec une joie sauvage.

L'affreux oracle enfin par moi sera bravé :
Le Temple va périr et mon fils est sauvé !

SCÈNE V

MARCHE FUNÈBRE.

Molai et les Templiers s'avancent sur la marche funèbre, précédés et suivis d'une escorte. Ils se rangent devant le bûcher.

CHOEUR DES PÉNITENTES.

Sainte Vierge adorée,
Priez pour ceux qu'on fait souffrir !
Pardonnez, mère vénérée,
A ces pécheurs qui vont mourir !

LE PEUPLE.

O sentence abhorrée,
Tous ces malheureux vont mourir !
Leur mort était jurée ;
Combien est triste l'avenir.

MOLAI et LES TEMPLIERS.

Libera nos, Domine, de morte æterna, in die
Illa tremendà quando cœli movendi sunt et
Terra Dùm veneris judicare seculum per ignem,
Libera nos de morte æterna, in die illa tremendà.

SCÈNE VI

Les Mêmes, LE ROI, ENGUERRAND, LE LÉGAT DU PAPE, Prélats, La Cour.

Paraissent d'abord des soldats, puis viennent le Légat du Pape et ses Prélats. — Une autre escorte de soldats précede le roi, Euguerrand et la Cour. Tous prennent place sur l'estrade royale.

LE LÉGAT, lisant un bref du pape.

« Pour désarmer la colère céleste
    » Et pour châtier leurs péchés,
» Le chef et les soldats de cet ordre funeste
» Par nous sont condamnés aux flammes des bûchers. »

MOLAI, avec fierté.

Je n'osais pas, si tôt, espérer le martyre,
    Vous me l'offrez, merci,
    Et je n'ai plus ici
    Qu'un seul mot à vous dire :
O roi, nous sommes innocents!

TOUS LES TEMPLIERS.

O roi, nous sommes innocents!

LE LÉGAT.

Ah! quelle audace!
L'enfer leur dicte ces accents!

MOLAI.

Un seul manque à l'appel du Dieu qui nous réclame.
René de Marigny... nous prierons pour son âme.

TOUS LES TEMPLIERS.

René de Marigny, nous prierons pour ton âme!

ACTE CINQUIÈME

SCÈNE VII

Les Mêmes, RENÉ, écartant la foule et se montrant sous le costume de Templier.

RENÉ.

Frères, vous vous trompez! Dans vos rangs, mes amis,
Je viens mourir!

ENGUERRAND, avec éclat.

O ciel! René, mon fils!

RENÉ.

Oui, votre fils!... Pardonnez-moi, mon père.
J'ai pu fuir sans remords, croyant que la colère
Du roi respecterait ces guerriers valeureux.
Mais, puisqu'ils vont mourir, ma place est auprès d'eux!

LE ROI.

Son fils... hasard étrange,
Et triste révélation!

MOLAI, désignant Enguerrand.

Le Seigneur le frappe et nous venge!

ENGUERRAND, accablé.

O la prédiction!

Courant à René.

Un mot au moins, René, car c'est moi qui te tue
O mon fils! moi qui t'aimais tant!

RENÉ.

Mon père!

ENGUERRAND, l'embrassant avec délire.

O mon enfant!

LE ROI.

De leur douleur j'ai l'âme émue.

4

ENGUERRAND, se jetant aux pieds du roi.

A votre pitié j'ai recours.
Sire, comment pourriez-vous croire
Que mon fils qui sait bien que tout, fortune et gloire,
Tout nous vient de vous seul en voulût à vos jours!

LE ROI, à Enguerrand.

Cela ne se peut pas... C'est bien, je lui fais grâce.

Enguerrand se précipite avec un cri de joie sur la main du roi qu'il embrasse avec transport.

RENÉ, au roi.

Pour mon père, merci! Mais je n'accepte pas!

ENGUERRAND, avec effroi.

Malheureux, que dis-tu?

LE ROI, à René.

D'où vous vient cette audace?

RENÉ, s'approchant du roi, à lui seul et à demi-voix.

O sire, apprenez donc pourquoi
Hier, j'étais au Palais.

LE ROI, vivement.

Avec effroi j'écoute.

RENÉ, continuant et plus bas.

Votre fille jadis vous a parlé sans doute
D'un homme qu'elle aimait?

Signe d'assentiment du roi.

Cet homme c'était moi!

LE ROI, avec fureur.

Toi! Malheureux! La mort! plus de pitié pour toi!

On se jette sur René. A ce moment entre Isabelle suivie de Marie de Simiane.

ISABELLE.

Sire, ah! du moins que la mort nous rassemble!
Faites grâce, mon père, ou frappez-nous ensemble!

Le roi la relève avec fureur et elle demeure suppliante.

ACTE CINQUIÈME

ENSEMBLE.

ISABELLE, au roi.

O mon père, un mot de clémence
Je vous implore à deux genoux !
Grâce pour eux ! grâce pour nous !
Ma voix est celle de la France !

LE ROI.

Pas de grâce, pas de clémence !
On n'affronte pas mon courroux.
Frappez-les !... qu'ils périssent tous.
Le ciel a dicté leur sentence !

RENÉ, au roi.

Frappez-moi ! C'est votre vengeance!
Je dois subir votre courroux !
Avec fierté, nous mourrons tous !
En Dieu j'ai mis mon espérance !

LE LÉGAT.

Pas de grâce, pas de clémence!
Et de Dieu craignez le courroux.
Frappez-les! qu'ils périssent tous!
Le ciel a dicté leur sentence !

ENGUERRAND.

O mon maître, un mot de clémence !
Je vous implore à deux genoux.
Grâce pour lui ! grâce pour tous !
Ayez pitié de ma souffrance !

LE PEUPLE.

Nous implorons votre clémence.
O roi, calmez votre courroux !
Du temple détournez vos coups !
Ecoutez la voix de la France !

MOLAI et LES TEMPLIERS.

Frappez-nous! frappez l'innocence !
Avec fierté nous mourrons tous!
Nous affrontons votre courroux,
En Dieu seul est notre espérance !

CHATILLON.

Un mot de pitié, de clémence,
Et de Dieu craignez le courroux.
Du Temple détournez vos coups!
Ecoutez la voix de la France.

LES PÉNITENTS.

O Dieu! montrez votre clémence.
Pitié! Pardonnez-leur à tous!
D'un grand roi calmez le courroux,
Daignez apaiser leur souffrance!

LES SOLDATS.

D'un grand roi craignez la vengeance,
On ne brave pas son courroux.
A mort! à mort! à mort! vous tous!
Pas de pitié! pas de clémence!

LE ROI, avec autorité.

Point de grâce! point de clémence!
Non! non!
Pour eux ni pitié! ni pardon!
Que l'arrêt s'accomplisse!

ISABELLE, à part.

Hélas!... ô désespoir!

LE ROI.

Qu'on les mène au supplice!
Soldats, faites votre devoir.

Le tocsin recommence à sonner et sur la reprise de la marche funèbre, les Templiers défilent pour monter au bûcher. Molai s'avance le premier et s'arrête devant le groupe royal.

PROPHÉTIE.

MOLAI, s'adressant au légat du pape.

Au tribunal du ciel, je l'attends dans l'année,
Ton pontife romain.

S'adressant au roi.

Pour te frapper, ô roi, la mort est en chemin,
Ta vie est condamnée!
Quarante jours encore, et tout sera fini!

ACTE CINQUIÈME

RENÉ et LES TEMPLIERS, les bras croisés et levant les yeux au ciel.

Mon Dieu, que ton nom soit béni !

MOLAI, s'adressant à Enguerrand.

Toi qui nous as livrés, sans remords, à la flamme,
Le noir gibet t'attend.
Ici-bas ton cadavre aux corbeaux!... A Satan
Dans les enfers, ton âme !
Suivant ce qu'il a fait, chacun sera puni !

RENÉ et LES TEMPLIERS.

Mon Dieu, que ton nom soit béni !

MOLAI, RENÉ, LES TEMPLIERS.

Hosanna ! L'heure de délivrance
Luit pour nous !
Attendons la flamme et la souffrance
A genoux !

Molai, les Templiers et René montent au bûcher. La flamme les entoure. — Ils chantent.

« Mon Dieu, que ton nom soit béni ! »

Isabelle s'évanouit dans les bras de ses femmes. — Enguerrand tombe à genoux. — Rideau.